www.tredition.de

AF197926

Cornelia Zit

wie war's in der schule?

KINDER ACHTSAM UND GELASSEN DURCH DEN SCHULALLTAG BEGLEITEN

Eine Kinder-Kinesiologin klärt auf

© 2020 Cornelia Zit

Verlag und Druck: tredition GmbH, Halenreie 40-44, 22359 Hamburg
Autorin: Cornelia Zit, www.kinesiologie-zit.at, cornelia.zit@gmail.com
Bild Seite 34: Pixabay + Cornelia Zit
Cover: Jyotima Flak

ISBN
Paperback: 978-3-347-02850-0
Hardcover: 978-3-347-02851-7
e-Book: 978-3-347-02852-4

Das Werk, einschließlich seiner Teile, ist urheberrechtlich geschützt. Jede Verwertung ist ohne Zustimmung des Verlages und des Autors unzulässig. Dies gilt insbesondere für die elektronische oder sonstige Vervielfältigung, Übersetzung, Verbreitung und öffentliche Zugänglichmachung.

Inhalt

Vorwort

Dies ist ein Ratgeber einer Kinesiologin, CranioSacral-Therapeutin und Mutter

Dieses Buch ist mir eine absolute Herzensangelegenheit. Aus eigener persönlicher Erfahrung und aus Erfahrung meiner kinesiologischen Praxis weiß ich, dass sehr viele Familien unter unserem Schulsystem extrem leiden.
Für all jene, die sich nach mehr Gelassenheit und Leichtigkeit im Alltag sehnen, ist dieses Buch gedacht. Mit verschiedensten Hinweisen, Tipps und Fallbeispielen möchte ich aufrütteln und informieren, wie du dein Kind unterstützen kannst, um diese lange Zeit gut zu durchlaufen.

Ich wurde als Überraschung, als fünftes Kind in eine Lehrerfamilie geboren. Überraschung deshalb, weil ich 15 Minuten nach meinem Bruder auf die Welt kam und niemand wusste, dass wir zu zweit waren. Meinen Eltern war es sehr wichtig, dass aus ihren 5 Kindern etwas „ordentliches" einmal wird und taten dafür alles. Ich bemühte mich meine Eltern nicht zu enttäuschen und machte mir daher in der Schule einen enormen Druck. Wie jeder weiß, erzeugt Druck Gegendruck und somit war meine Schulzeit dementsprechend belastend. Nach der Hauptschule suchte ich mir ganz bewusst eine Schule, bzw. Fachrichtung aus in der kein Englisch unterrichtet wurde. Ich litt unter enormer Prüfungsangst. Als ich dann endlich meine Abschlussprüfung hinter mir hatte, grölte ich aus vollem Herzen und vollem Hals das Lied „Nie mehr Schule, keine Schule mehr ..." In dem vollen Glauben, dass dies auch so sein wird. Tja und wie kann es auch anders sein, holte mich diese wieder ein, als mein Großer ins Gymnasium kam. Dieser hatte das Pech in eine sehr schwierige Klasse zu kommen, wo gegenseitiges Mobbing an der Tagesordnung war. Zuerst war er monatelang Opfer, bis er dann selbst zum Täter wurde. Dementsprechend waren seine Leistungen. Die ganze Familie litt enorm unter diesen Bedingungen. Dazu kam noch, dass meine eigenen Schulerinnerungen, welche schön vergraben im Unterbewusstsein schlummerten, hochpoppten und mich so richtig triggerten. Ich fühlte mich teilweise hilflos und absolut ohnmächtig, reagierte in manchen Situationen genauso, wie ich nicht sollte, was mir im Nachhinein furchtbar leidtat. Es gab Momente, in denen ich am liebsten davongelaufen wäre.

Zu dieser Zeit lernte ich die Kinesiologie kennen und lieben. Ich begann dadurch sehr viel an mir selbst zu arbeiten und merkte, wie sich die Familiensituation langsam entspannte. Auch meine Kinder durften erfahren, was durch die Kinesiologie alles möglich ist. Sie war sozusagen unser Rettungsanker. Mein Großer hat jedoch schlussendlich die Schule abgebrochen, eine Lehre begonnen und geht seinen eigenen Weg. Ich bin sehr stolz auf ihn, wie er sein Leben nun meistert. Bei meinem zweiten Sohn bin ich nun total entspannt und voll im Vertrauen, dass auch er seinen Weg gehen wird.

Mit diesem Buch möchte ich allen Familien, die unter unserem derzeitigen Schulsystem leiden, Mut machen und Möglichkeiten aufzeigen, wie sie sich ihre Situation erleichtern können. Es ist mir ein wahres Herzensziel, dass Kinder wieder mit Begeisterung und Neugier in die Schule gehen und Eltern stressfreier leben können.

Alle Fallbeispiele sind wahre Geschichten, es wurden jedoch die Namen verändert.

Wenn du dich durch mein Buch angesprochen fühlst, und noch mehr erfahren, oder du meine Hilfe in Anspruch nehmen möchtest, dann freue ich mich, wenn du dich bei mir meldest. Schreib mir dein E-Mail auf: cornelia.zit@gmail.com

Unter **www.kinesiologie-zit.at** erfährst du mehr über mich und meine Arbeit.

Herzlichst

Cornelia Zit

Vorwort Lisa Reinheimer

Schule ist für mich wie ein Spiel. Ein Spiel, bei dem jeder versucht zu gewinnen. Aber auch ein Spiel, bei dem nicht alle Mitspielenden die Spielregeln kennen. Also kein gerechtes Spiel.Vor vier Jahren war ich die Lehrerin einer sogenannten „Versagerklasse" - junge Menschen, die bereits einen Schulabschluss hatten, jedoch einen, der so schlecht war, dass niemand etwas mit ihnen anzufangen wusste - am wenigsten sie selbst. Bei mir bekommen sie dann eine zweite Chance auf einen guten Schulabschluss - wahrscheinlich die letzte Chance ihres Lebens. Eines Tages schreiben wir eine Englisch-Klassenarbeit. Es war die erste Arbeit in dieser Klasse. Ich teile die Klausurbögen aus, wünsche der Klasse viel Glück, viel Erfolg und ein fantastisches Gelingen und staune nicht schlecht, als keiner der Schüler/innen mit dem Schreiben beginnt. Keiner. Mich macht das unfassbar traurig, zugleich jedoch wahnsinnig wütend, wenn ich an die Zukunft der jungen Erwachsener denke. Ich drehe mich zur Tafel und schreibe folgenden Satz an die Tafel:

„Es ist nur eine Klausur. Dein Ergebnis - egal, ob gut oder schlecht - ändert nichts daran, dass du eine großartige Persönlichkeit bist. Gib dein Bestes. Du schaffst das. Ich glaube an dich!" Nach und nach beginnt die Klasse zu schreiben und nach weniger als fünf Minuten schreiben alle. Alle. Dieser Moment hat mir gezeigt, dass jedes Kind nur einen Erwachsenen braucht, der an es glaubt, um eine Erfolgsgeschichte zu werden. Jedes Kind braucht nur einen Erwachsenen, der an es glaubt, wenn es das vielleicht selbst schon nicht mehr tut.

Viel zu viele Schülerinnen und Schüler scheitern am Schulsystem. 2018 haben 11,8% aller Schulabgänger/ innen in Berlin die Schule ohne Abschluss verlassen. Das ist jede/r Neunte! Und da sind die jungen Menschen aus meiner „Versagerklasse" nicht einmal mitberücksichtigt. Denn diese hatten ja einen Abschluss - nur keinen, den man gebrauchen kann.

Was wird denn aus diesen jungen Menschen? Wie bestreiten sie ihren Lebensunterhalt? Auf welche alltäglichen Leistungen dürfen sie stolz sein? Was bestärkt ihr Vertrauen in sich und in ihre Fähigkeiten?

„Aus Jugendlichen ohne Abschluss werden Erwachsene ohne Perspektiven." Erwachsene ohne Abschluss und ohne Perspektive, die sich ihre Anerkennung und ihren Selbstwert auf andere Art und Weise beschaffen: Gewalt, Sucht, Fremdenhass, Kriminalität, soziale und finanzielle Abhängigkeit.

Wir können uns das als Gesellschaft einfach nicht erlauben! Kinder sind von Natur aus neugierig, kreativ und haben Freude am Ausprobieren neuer Erfahrungen. Sie haben keine Angst vorm Scheitern und Saugen neues Wissen auf wie ein Schwamm. Wie kann ein Schulsystem dieses Potential im Keim zu ersticken? Die Antwort auf diese Frage ist zu komplex, als dass ich hier darauf eingehen kann. Dennoch dürfen wir als Erwachsene nicht mit dem Finger auf ein sich sehr langsam veränderndes System zeigen. Wir dürfen selbst Verantwortung übernehmen und dazu beitragen, dass die Kinder und Jugendlichen in unserem Wirkungsradius eine schöne und erfolgreiche Schulzeit haben.

Meine Mission ist es, dass jedes Kind eine glückliche Schulzeit hat. Ich will, dass jedes Kind die Schule gestärkt verlässt, mit einem Ranzen voller Erfolgserlebnissen, guter Noten, Freunde fürs Leben und allen Türen für seine Traumzukunft weit geöffnet.

Cornelia Zit leistet mit ihrem Buch „Wie war's in der Schule?" einen beispiellosen Beitrag für Eltern, die ihre Kinder gelassen und achtsam durch den Schulalltag begleiten wollen. Am Ende ist dein Kind nämlich mehr als der Schnitt seiner Noten im Zeugnis. Und der Satz „Ich hab dich lieb - egal, welche Note du nach Hause bringst!" die Grundlage für jeden Veränderungsprozess, den wir gemeinsam mit unserem Kind anstoßen möchten.

Ihnen wünsche ich viel Freude beim kurzweiligen Lesen und großartige Anregungen, wie Sie Ihre Schüler/ innen beim „Spiel" Schule achtsamer und gelassener begleiten können!

Lassen Sie uns gemeinsam dazu beitragen, dass Kinder gerne zur Schule gehen, (wieder) Freude beim Lernen empfinden und diese ihr Leben lang beibehalten!

Von Herzen   Lisa Reinheimer

Lehrerin, Lerncoach und Schulglück-Bringerin

Gründerin von „Klassenheld.com"

#1 Podcast in der Kategorie „Kindererziehung" bei iTunes & Spotify

Kinder achtsam und gelassen unterstüt- zen!!!

1. Das Lernen nicht übertreiben – Kindheit zu- lassen
2. Bedürfnisse vom eigenen „inneren Kind" zum eigenen Schulkind unterscheiden
3. Wie gehen Eltern mit dem Ärger und Stress der eigenen Kinder um
4. Emotionale und mentale Unterstützung auch in schwierigen Zeiten

Kinder achtsam und gelassen unterstützen!
Ja was meine ich damit bzw. was bedeutet dies für mich.
In meiner kinesiologischen Praxis, in der ich mich für „Schule der Leichtigkeit" spezialisiert habe, er- lebe ich immer wieder, dass das Thema Schule die ganze Familie enorm stresst, bzw. die ganze Familie so einnimmt, dass gar kein anderes Thema mehr Platz hat. Vor allem die Mütter sind diesem Stress ausgesetzt. Einerseits verständlich, da sie ja die Verantwortung über ihre Kinder haben, dass aus ihnen einmal etwas „Ordentliches" wird. Anderer-

seits ginge es im Schulalltag viel leichter und ruhiger ab, wenn mehr Achtsamkeit, Wertschätzung und Gelassenheit da wäre. Dies ist oft leichter gesagt als getan. Darum möchte ich dir ein paar Tipps diesbezüglich mitgeben.

1. Das Lernen nicht übertreiben – „Kindheit zulassen"

Kleinkinder können nur durch Lust und Neugierde lernen und haben extrem viel Spaß, wenn sie wieder einen Schritt weite kommen. Das kann jeder, der Kontakt zu so kleinen Kindern hat, beobachten. Genau diese Neugierde und Lust sollten die Kinder behalten, um das Lernen in der Schule positiv zu erleben.

- Daher ist es wichtig, dein Kind bei den Lernzeiten mitbestimmen zu lassen, gemeinsam einen Zeitplan zu erstellen, damit dein Kind sich darauf einstellen kann, wann Lernzeit und wann Freizeit ist. So kann man dem Widerstand etwas entgegenwirken.

- Ein ruhiges, harmonisches Umfeld ist genauso wichtig um konzentriert bei der Sache zu bleiben. Dies heißt, kein Radio, kein Fernseher und kein Handy während der Lernzeit. Wirklich darauf schauen, dass dein Kind in Ruhe seine Schulaufgaben, und was sonst noch ansteht, machen kann.

- Gemeinsam mit deinem Kind einen Lernplan erstellen, eventuell für die ganze Woche, hilft euch beiden besser den Überblick zu behalten, welches Fach wann dran ist. Es hat auch den Vorteil nicht das Gefühl zu bekommen etwas vergessen zu haben. Ein Lernplan gibt euch eine Struktur vor, die sehr hilfreich sein kann.

- Regelmäßig Pausen einführen, entsprechend dem Alter deines Kindes. Es macht wenig Sinn den ganzen Lernstoff am Stück zu lernen. Da ist es leicht möglich, dass du dein Kind überforderst. Immer wieder Pausen einzuführen macht insofern Sinn, da das Gehirn dadurch den gelernten Stoff besser verarbeiten kann und sich nicht abschaltet, da es einfach zu viel Stoff auf einmal ist.

- Wenn der Lernstoff, aus welchem Grund auch immer, einmal einfach nicht in den Kopf will – eine lange Pause mit viel Bewegung, am Besten in der frischen Luft, machen. In so einer Situation Druck auf das Kind auszuüben, kann nach hinten losgehen, und macht somit keinen Sinn.

- Aus meiner Sicht ist es auch sehr wichtig, als Elternteil zu achten, wieviel meinem Kind zumutbar ist zu lernen. Dies ist sehr individuell und daher von Kind zu Kind verschieden. Es gibt Kinder, die gerne und leicht lernen und daher auch mehr Lernstoff bewältigen. Im Gegensatz dazu gibt es aber auch Kinder, die nicht so leicht lernen, für die jede Zusatzübung eine Qual sein kann. Wenn du so ein Kind hast, achte ganz besonders darauf, dass es nicht überfordert wird. Es könnte sonst für alle Beteiligten die Schulzeit sehr schwierig werden. Dein Kind verliert die Lust am Lernen und somit ist der Abwärtsspirale nichts mehr im Wege und der Schulhorror kann beginnen.

- Für die individuelle Entwicklung deines Kindes ist es enorm wichtig, dass es auch genügend Freizeit bekommt. Nur so hat es die Möglichkeit seine Talente zu entwickeln und zu leben, sowie seine Persönlichkeit zu entfalten.

- Nicht nur die Freizeit, auch Bewegung ist extrem wichtig. Wenn möglich viel in der frischen Luft. Habt ihr in eurer Nähe einen Wald, dann ab in den Wald mit euch und geht „Waldbaden", es kann so heilsam sein. So kann es seine Motorik immer weiter entwickeln und verfeinern. Auch das Gehirn und die Psyche haben Spaß daran. Durch die Hobbys kann dein Kind seine ganze Persönlichkeit entfalten.

- Kinder mit Lernschwierigkeiten brauchen ganz dringend die Unterstützung und die Sicherheit der Eltern. Wenn du so ein Kind hast, dann fange es auf, zeig ihm wie wertvoll es für dich ist und dass die Schule nicht alles im Leben ist. Es gibt noch sehr viel anderes, das viel wichtiger ist. Genau diese Kinder haben meist ein sehr niedriges Selbstwertgefühl, welches aufgebaut werden muss. Wenn nötig scheue nicht davor zurück dir Hilfe von außen zu holen. Sei es Nachhilfe, Kinesiologie oder was auch immer du für angebracht hältst. Es beruhigt und entspannt ungemein, wenn man dazu bereit ist.

- Meiner Meinung nach ist es auch wichtig, die Kinder richtig zu motivieren, besonders dann, wenn sie den Sinn des Lernens momentan nicht erkennen können. Da brauchen sie Hilfe, um ein Ziel vor Augen zu haben – z.B. bei Vokabeln – diese sind wichtig, um sich im Urlaub mit neuen Freunden zu verständigen.

- Jedes Kind lernt anders. Es gibt 3 verschiedene Lerntypen – den Auditiven, er lernt über das Hören, den Visuellen, er lernt über Bilder und den Taktilen, er lernt über die Bewegung und das Tun. Versuche herauszufinden welcher Lerntyp dein Kind ist. Wenn du dir unsicher bist, kannst du dies auch bei einem Kinesiologen austesten lassen. Sollte dein Kind ein anderer Lerntyp sein als du, dann heißt es für dich, das zu akzeptieren und dein Kind dementsprechend zu unterstützen.

2. Bedürfnisse vom eigenen inneren Kind zum eigenen Schulkind unterscheiden

Besonders wichtig ist auch, dass du die Bedürfnisse vom eigenen inneren Kind zum eigenen Schulkind unterscheidest. Mit dem Inneren Kind meine ich die Erlebnisse deiner Kindheit bzw. Schulzeit. Dein Kind in dir, alles was du damals erlebt hast, positiv wie negativ, ist in deinem Unterbewusstsein und deinem Energiekörper abgespeichert. Sobald unsere Kinder in die Schule kommen, können diese Erlebnisse wieder aktiv werden und uns so richtig triggern. Wir reagieren dadurch völlig unangemessen und falsch, bereuen es sogar teilweise, können es jedoch nicht mehr ungeschehen machen. Daher auch dazu ein paar Tipps von mir.

- Wenn du wieder einmal aus der Haut fahren könntest, weil dein Kind nicht so tut wie du gerne möchtest, dann geh aus dem Raum, lass dein Kind selber machen und versuche dich zu beruhigen. Beobachte dich dabei, versuch zu spüren was diese Situation mit dir macht. Welche Gefühle kommen hoch und wo spürst du sie. Ist es ein Druck, ein Ziehen, ein Kribbeln oder etwas anderes. Versuche sie einzuordnen woher sie stammen können.

Kennst du sie eventuell sehr gut aus der eigenen Schulzeit und willst sie gar nicht mehr wahrhaben?

- Anschließend achte darauf, was dich da gerade so getriggert hat. Spiegelt dir dein Kind etwas aus deiner Kindheit? Sind es Erfahrungen, die du gemacht hast und die du deinem Kind gerne erspart hättest?

- Geh in Gedanken zurück in deine Kindheit. Was für Schulerfahrungen hast du gemacht? Erinnerst du dich mehr an die positiven oder an die negativen? Welche genau sind das? Wie ging es dir dabei, hattest du Unterstützung oder warst du auf dich alleine gestellt? Was für Gefühle hattest du damals? Fühltest du dich stark oder eher schwach?

- Genau diese Erfahrungen hast du im Unterbewusstsein gespeichert. Dein Schattenkind nährt sich davon. Das Schattenkind ist der Anteil von dir, welcher die negativen Erlebnisse deiner Kindheit gespeichert hat. Sämtliche Glaubenssätze wie „Ich bin nicht gut genug, ich bin zu dumm, ich genüge nicht, ich kann das nicht,…" sind darin enthalten.

- Versuche herauszufinden welcher negative Glaubenssatz bei dir gerade aktiv ist und hinterfrage ihn. Wandle ihn um in einen positiven Glaubenssatz, schmücke ihn dabei aus. Hier ein Beispiel: „Ich bin nicht gut genug." Kann positiv lauten: „Ich schaffe alles was ich will, da ich genug Potential dazu habe und dieses auch lebe." Wenn du deinen Satz gefunden hast, schreibe ihn auf, geh in dich und achte was er mit dir macht, was fühlst du dabei. Nimm dieses positive Gefühl, welches sich gerade zeigt, und speichere es in alle deine Zellen, fülle sie ganz prall damit. Anschließend hänge ihn wo auf, wo du oft bist damit du dich immer wieder an ihn erinnerst und du dir dieses feine Gefühl herholen kannst.

- Nachdem du jetzt weißt, dass sich dein inneres Kind jeder Zeit melden kann, achte bei der nächsten Situation mit deinem Kind darauf, dass du ihm nicht dein Inneres Kind überstülpen willst. Dies soll heißen, dass du sehr genau darauf schaust was „dein Kind" will oder braucht und du danach handelst. Um dein Inneres Kind kannst du dich danach kümmern.

- Da die Verantwortung deines Kindes bei dir liegt ist es sehr wichtig, dass du beobachtest wer in der momentanen Situation ein Bedürfnis hat. Ist es dein Schulkind, bist es du als Erwachsener, der eingreifen muss, oder ist es dein Inneres Kind? Sobald du dies weißt, handle dementsprechend danach.

- Falls du ein Perfektionist bist, versuche diese Eigenschaft abzulegen. Zumindest was die Schule und dein Kind betrifft. Auch da versuche wieder dahinter zukommen was hinter dem Perfektionismus steckt. Welche Unsicher-

heiten sind in dir, was möchtest du da, unbe-
wusst, kaschieren oder überspielen? Du wirst
sehen, mit mehr Lockerheit und Leichtigkeit
lässt sich die Schulzeit deines Kindes viel besser gestalten.

3. Wie gehen Eltern mit dem Ärger und Stress der ei-genen Kinder um

Vielleicht kennst du Situationen bei dir zu Haus in
denen dein Kind voller Stress und Ärger nach Hause
kommt, oder dies sich Daheim aufschaukelt. Da
heißt es selber Ruhe bewahren, was nicht immer
leicht ist, sondern sich auch zu einer richtigen Her-
ausforderung heranwachsen kann. Auch dazu ein
paar Tipps meinerseits.

- Besonders wichtig ist es dabei, dass du dich
  unter keinen Umständen hineinziehen lässt.
  Versuche einfach bei dir zu bleiben und dir
  klar zu machen, dass dies nicht deine Stim-
  mung ist. Suche dir Ruhe in dir, die kann dir
  Halt geben, um klar zu bleiben. Denn nur
  durch deine Klarheit kannst du dein Kind in
  solch einer Situation unterstützen.

- Lass dein Kind zuerst emotional ausrauchen.
  Was auch immer deinem Kind dafür gut tut.
  Sei es im Zimmer alleine zu sein, Bewegung

in der frischen Luft, sich auf seinen Lieblings-
platz zurückziehen, wie auch immer dies bei
euch aussieht. Erst wenn du merkst, dein
Kind hat sich etwas beruhigt macht es Sinn
auf es zuzugehen und den Kontakt zu suchen.
Du kennst dein Kind selber am besten und
weißt wie es tickt und wann der beste Zeit-
punkt dafür ist.

- Gib ihm anschließend das Gefühl, dass du jederzeit da bist, wenn es dich braucht. Du bist
immer für es da und hast ein offenes Ohr.
Hier kommt es immer auf das Alter und den
Typ deines Kindes an. Die einen erzählen dir
alles, die anderen gar nichts und dazwischen
gibt es natürlich auch noch Möglichkeiten. Bei
denjenigen, die kaum etwas erzählen, sollte
man sehr sensibel vorgehen, denn sie gehen
generell schwer aus sich heraus. Sie tendie-
ren mehr dazu, alles mit sich selber auszu-
machen, was Vorteile und Nachteile haben
kann.

4. Emotionale und mentale Unterstützung auch in schwierigen Zeiten.

Hier geht es nun nicht um eine einzige Situation, sondern um einen längeren Zeitraum. Schwierige Phasen deines Kindes belasten die ganze Familie und du als Elternteil bist besonders gefordert. Solche Phasen im Leben können dir schlaflose Nächte bereiten und deine ganze Energie rauben. Als Beteiligter ist es oft schwierig, einen klaren Kopf zu behalten und die richtigen Wege zu finden.

- Wenn ihr nun schon längere Zeit in einem schwierigen Prozess steckt, dann vergiss nie, immer wieder das Gespräch mit deinem Kind zu suchen. Auch wenn du öfters abblitzt und dein Kind nichts von dir wissen will. Da heißt es, mit Achtsamkeit und Liebe, hartnäckig dranbleiben. Sollte dir dabei immer wieder die Luft ausgehen, dann hol dir Hilfe.

- Lass dich nicht emotional hineinziehen. Ich weiß dies kann sehr schwierig sein, besonders wenn der Zeitraum schon länger besteht. Jetzt bist jedoch „du" mit einem kühlen Kopf gefragt, ruhig und gelassen, der Anker in dieser stürmischen Zeit zu sein. Gerade in dieser Situation bringt es gar nichts, wenn du dich hineinziehen lässt.

- Gib deinem Kind jederzeit das Gefühl gesehen und gehört zu werden. Für dein Kind ist es enorm wichtig zu wissen, wann auch immer es dazu bereit ist, du bist da, hörst ihm zu und nimmst es ernst, egal zu welcher Tages- oder Nachtzeit. Biete ihm dies auch ganz bewusst an – du bist jederzeit da, wenn es dich braucht.

<u>Aus dem Mitleid</u>

zur aktiven UnterstützerIn meines
Schul-Kindes werden

1. Sich selber wahrnehmen
2. Bei sich hinschauen warum man mitleidet
3. Hilfe von außen, Mutter + Kind
4. Sein Schattenkind wahrnehmen
5. Glaubenssätze im Unterbewusstsein aufspüren und positiv umwandeln
6. Stellenwert der Schule hinterfragen

1. Sich selbst wahrnehmen

Wenn du Sorgen und Probleme bezüglich deines Kindes hast, seien es Themen der Schule, Freundeskreis, Verhalten, ect., dann sei achtsam mit dir selber, gehe in den Augenblick und versuche zu ergründen, was du gerade spürst. Was ist es, das dich da so triggert, was für Gefühle sind gerade da? Hass, Aggression, Verzweiflung, Mitleid, Verständnislosigkeit, Verzagen, Ohnmacht, Machtlosigkeit, … . Würdest du eigentlich am liebsten davonlaufen wollen, oder dein Kind zu Hause einsperren, damit es dieser momentanen Gefahr nicht mehr ausgesetzt ist? Wichtig ist, dass du ganz genau in dich hineinhorchst und wahrnimmst was du gerade spürst. Der nächste Schritt ist - wo genau spürst du es. In der Brust, im Bauch, in den Beinen, in den Armen oder Händen, schnürt es dir dabei die Kehle zu? Je genauer du es differenzieren kannst, desto besser kannst du es annehmen und verarbeiten, bzw. damit umgehen. Wie fühlt es sich an? Ist es ein Druck, Ziehen, Kribbeln, Wärme/Kälte. Hast du das Gefühl irgendetwas explodiert gleich in dir? Ist das Gefühl angenehm oder unangenehm, lässt es sich leicht aushalten oder kaum? Kennst du es gut, ist es ein alter Bekannter, oder ist es ein komplett neues Gefühl? Überlege was es sein könnte, woher es herrührt. Hast du selber so ähnliche Situationen wie dein Kind erlebt, und wenn nicht du, dann jemand anderer aus deinem Familien-, Bekanntenkreis? Falls es dir sofort einfällt, hast du ziemlich sicher die Ursache für deine Gefühle und dein Handeln entdeckt.

Wichtig ist jedoch auch zu überlegen, ob es wirklich dein Gefühl ist, oder ob du es von jemandem übernommen hast. In deiner Ahnenreihe zum Beispiel, wie sieht es da aus? Weißt du ob es da auch solche oder ähnliche Situationen gab, war da jemand, der ebenfalls Schulprobleme hatte? Meist wissen wir es nicht, da es nicht überliefert wurde. Auch aus dem Bekanntenkreis kann es übernommen worden sein. Dies läuft natürlich alles im Unterbewusstsein ab. Unser Tun und Handeln werden zu ca. 95% aus dem

Unterbewusstsein gesteuert und nur 5% vom Bewusstsein! Als ich das zum ersten Mal hörte, traute ich meinen Ohren nicht.

Fallbeispiel:

Susanne brachte mir ihren 9-jährigen Matthias, da er mehr Selbstvertrauen und Selbstsicherheit brauchte, um sich in der Schule besser behaupten und wehren zu können. Er empfand sehr schnell, dass alle unfair und ungerecht zu ihm waren. Nachdem ich ihn diesbezüglich gestärkt habe, bat ich Susanne für einen Termin bei mir und dabei stellte sich heraus, dass Mathias ihr sehr ähnlich ist und sie in ihrer Schulzeit auch so empfand. Somit wurde sie mit all den Geschichten, die Mathias nach Hause brachte, so richtig schön getriggert und hätte am liebsten ihr Kind zu Hause behalten. Was natürlich nicht möglich war und auch keinen Sinn gehabt hätte. Nach 3 Sitzungen waren ihre Ängste verschwunden und beide konnten mit dem Schulalltag viel leichter und gelassener umgehen.

2. Bei sich hinschauen warum man mitleidet

Es gibt in unserem Leben immer wieder Situationen, die für uns schon so zum Alltag gehören, dass wir gar nicht merken, wie sehr sie uns belasten bzw. wie sehr wir darunter leiden. Um dies zu ändern, müssen wir erst einmal erkennen, dass es so ist. Viele von uns glauben immer funktionieren zu müssen, dadurch kann sich ein enormer Druck aufbauen, den wir vielleicht gar nicht so wahrnehmen oder empfinden. Dies zu erkennen ist der erste Schritt zur Veränderung. Ohne diese Erkenntnis ist es nicht möglich positiv nach vorne zu schauen. Es geht darum wahrzunehmen, dass du leidest und wie sehr es dich belastet. Hast du das Gefühl, dass dich etwas hinunterzieht, du eine gewisse Schwere in dir fühlst?

Überlege einmal warum du leidest – mitleidest. Was könnte dahinterstecken? Brauchst du dieses Leid, was für Vorteile hat es für dich? Wirst du dadurch von anderen bemitleidet? Bekommst du dadurch Hilfe? Glaubst du dadurch besser gesehen zu werden? Bist du lieber emotional und mental schwach oder stark? Hattest du immer schon einen Hang zu leiden, oder bist du normalerweise ein fröhlicher Typ?

All unsere negativen Gefühle haben einen Ursprung. Daher ist es absolut wichtig zu überlegen, woher dein Gefühl des Leidens stammt. Ging es dir in deiner Schulzeit ähnlich wie deinem Kind? Kannst du dich erinnern, wie es deiner Mutter - oder deiner Großmutter in der Schulzeit ergangen ist. Gibt es Geschichten, die in der Familie erzählt werden? Erkennst du eventuell Parallelen? Es ist absolut wichtig, genau in sich hinein zu fühlen, um die Zusammenhänge, bzw. Hintergründe zu erkennen.

Nur so kannst du verstehen, ob es wirklich dein Thema ist oder nicht. In uns laufen so viele verschiedene Prozesse, die so komplex sind, dass wir sie gar nicht wahrnehmen und verstehen können. Einer davon ist, dass wir verschiedenste Themen von anderen Personen übernehmen können, welche diese sehr belastet hat und nicht aufgearbeitet wurde. Dies lauft unterbewusst ab, das soll heißen, dass wir vom Bewusstsein aus nicht laut rufen: „Gib es mir, ich mach das schon, ich halte das schon aus!" sondern, dass wir bewusst gar nicht wissen was da gerade abläuft. Klingt wahrscheinlich für manche sehr schräg. Aus meiner Arbeit als Kinesiologin, weiß ich, dass dies wirklich sein kann. Es gibt jedoch Möglichkeiten, um sich davon zu befreien.

Fallbeispiel:

In meiner großen Ahnenreihe gibt es auch einige, die in der Schule Probleme hatten. So wundert es mich im Nachhinein nicht, dass ich mir ebenfalls nicht leichttat und meine Schulzeit alles andere als lustig war. Dies durfte ich aber erst erkennen, als ich mir wegen meines großen Sohnes Hilfe holte. Es gab viele Situationen zum Thema Schule, die ich als Mama kaum aushielt, da ich mit meinem Kind mitlitt. Manchmal hatte ich das Gefühl, das Gleiche in meiner Kindheit schon einmal erlebt zu haben. Es kamen Erinnerungen hoch, die ich in meinem Unterbewusstsein und meinem Energiekörper vergraben hatte, tief unten, in der Annahme diese Themen wären erledigt. Doch es lehrte mich etwas anderes. Oft wäre ich gerne aus der Haut gefahren, handelte total daneben und konnte meinem Kind dadurch keinen Halt geben.

Als ich dann endlich anfing bei mir selber hinzu-schauen und aufzuräumen, wurde es leichter. Dabei ließ ich mir helfen, da ich selber befangen war. Ich kann nur dazu sagen, es war eine sehr weise und geniale Entscheidung. Es wurde danach alles viel lockerer, fröhlicher und in die Familie kehrte wieder Harmonie ein.

3. Hilfe von außen, Mutter + Kind

Hilfe von außen ist in so einem Fall absolut hilfreich und sinnvoll. Für viele Menschen ist es ein Zeichen von Schwäche, wenn sie sich Hilfe holen sollen. Ich empfinde es jedoch als absolute Stärke, wenn man sich eingesteht, dass es so nicht mehr weitergehen kann, da alle Beteiligten extrem leiden und man selber keinen Ausweg mehr findet. Ein Außenstehender ist einfach neutral und kann die Situation aus einem komplett anderen Blickwinkel betrachten. Dadurch entstehen neue Möglichkeiten, auf die man selber nie gekommen wäre. Es kommt wieder Bewegung in die vermeintlich ausweglose Geschichte. Durch Bewegung kommt die Energie wieder in Schwung und vieles kann sich positiv verändern.

Wenn du bereit bist für Hilfe von außen, dann überlege wie diese aussehen soll, bzw. was du dir vorstellen kannst. Es gibt unzählige Möglichkeiten. Von

Psychologie über Kinesiologie, Cranio Sacral, Lernhilfe, Psychotherapie, Erziehungsberatung, ect. Wichtig ist es meiner Meinung nach, dass es für dich und dein Kind stimmig ist. Die Methode, genauso wie der/diejenige, die diese dann ausführt. Es hat Null Sinn, wenn die Chemie zwischen Therapeut und Klient nicht passt. Ich vergleiche es immer gerne damit – du suchst dir ja auch deinen Arzt und Friseur deines Vertrauens aus. Genauso ist es bei einem Therapeuten. Ohne Vertrauen geht da gar nichts. Daher schau dir vorher genau an, zu wem du gehen willst. Es gibt Gott sei Dank genug Auswahl.

Überlegt auch, wer aller die Hilfe in Anspruch nehmen soll. Dein Kind, du und dein Kind gemeinsam, ist es ein Familienthema, bei dem es für alle Sinn macht, wenn sie involviert werden? Es kommt immer auf die ganz individuelle Situation an. Vielleicht ist es schon ausreichend, wenn dein Kind einfach nur Nachhilfe bekommt. Schon das alleine kann ungemein entspannend sein. Da umgehst du viele Konflikte, die bei gemeinsamem Lernen entstehen können. Oft hängt es jedoch an mehr, sodass noch zusätzlich jemand auf eure Situation schauen sollte. Durch meine Arbeit als Kinesiologin weiß ich, dass nicht nur unser Unterbewusstsein, sondern auch unser Energiefeld alles speichert was wir erleben. Positives wie Negatives. Genau die negativen Erlebnisse können sich zu Blockaden entwickeln und uns somit ziemlich schaden. Gerade die Erlebnisse in der Schule sind nicht immer lustig, je öfter wir ähnlich negative Erlebnisse haben, desto größer wird die Blockade und kann uns so richtig triggern, sodass wir darauf bis zum Blackout reagieren können. Daher ist es immens wichtig auch ins Energiefeld zu schauen, um diese Blockaden zu lösen. Je jünger die Kinder sind, desto einfacher geht dies und desto besser ist es für das Kind, da es freier, gelassener und unbeschwerter dem Unterricht folgen kann. Zu mir kommen immer zuerst die Kinder, da ja „diese" ein „Problem" haben. Bei manchen lösen wir alles und es passt gut so. Doch bei den meisten darf dann auch die Mutter zu mir kommen. Sie werden nicht nur von ihren Kindern gespiegelt, sondern auch sie waren einmal Schülerinnen und so können alte Erinnerungen hochkommen, welche sie im Unterbewusstsein und im Energiekörper vergraben haben. Dies ist dann belastend, da sämtliche Gefühle von damals mitspielen und Reaktionen auslösen, die man im Nachhinein bereut. Daher ist es meiner Meinung nach absolut sinnvoll und wichtig, wenn auch die Mutter sich helfen lässt. So kommt Entspannung in die Familie und der Familienalltag kann viel harmonischer gelebt werden.

Fallbeispiel:

Eines Tages kamen Sabine und Tobias, mit dem Thema Probleme in Mathematik, zu mir. Tobias war ca. 13 Jahre und hatte so null Bock Mathe zu lernen. Dementsprechend sahen auch seine Noten aus. Gemeinsam bearbeiteten wir dieses Thema und stellten fest, dass psychische Belastungen die Ursache waren. Nachdem ich Tobias erfolgreich helfen konnte, kam Sabine dran. Sie erzählte mir, wie es ihr erging, wenn sie merkte, dass Tobias wieder einmal nicht Mathe lernte, obwohl ein Test oder eine Schularbeit anstand. In ihr stieg pure Panik auf, sie bekam Atemnot und vor ihrem inneren Auge lief ein Horrorfilm ab - was alles sein könnte, wenn diese Note negativ ausfällt. Sie wurde zu einer richtigen Furie, wollte unbedingt erzwingen, dass Tobias sich endlich hinsetzte und Mathe lernte. Dafür tat sie Dinge, die sie im Nachhinein sehr bereute. Beide litten fürchterlich darunter. Tobias ging in Gegenwehr und Sabine in die komplette Verzweiflung. Eine richtige Patt-Situation.

Sabine hatte in ihrer Schulzeit selbst Probleme in Mathematik, sodass nun alle Erinnerungen hochkamen und sie so richtig triggerten. Gemeinsam arbeiteten wir an ihrer Mathematik-Blockade und so konnte eine absolute Entspannung und Gelassenheit bei den beiden zu Hause einkehren. Tobias fing freiwillig an Mathe zu lernen und bekam auf einmal gute Noten.

Damit du besser verstehen kannst, wie ich das mit dem Energiekörper meine, gibt es diese Skizze:

Der äußerste Kreis zeigt dir das Energiefeld, welches Mutter und Kind verbindet. Das jeweilige Energiefeld um die Figuren, ist die Aura, die jeder

Mensch hat und braucht. Die verschieden großen Punkte darin, zeigen die verschiedensten Erlebnisse und Blockaden eines jeden. Die Pfeile symbolisieren dir die Themen, welche sich Mutter und Kind gegenseitig spiegeln und/oder übernehmen können.

4. Sein Schattenkind wahrnehmen

Ja was ist denn eigentlich das Schattenkind?

Jeder von uns hat sein ganz persönliches inneres Kind, welches den Ursprung aus unserer Kindheit hat, sehr viel erlebte und sich an alles von damals erinnern kann. Für die schönen, positiven Erlebnisse ist das Sonnenkind zuständig. Wenn du mal gut drauf bist, du viel Unsinn oder Schabernack machst, übermütig bist, dir das so richtig Spaß macht und du dann zu hören bekommst „sei doch nicht so kindisch". Dann weißt du, dass da gerade dein Sonnenkind mitwirkt. Die negativen Erlebnisse werden deinem Schattenkind zugeordnet.

Du kannst dein Schattenkind erkennen, wenn dich zum Beispiel verschiedenste Situationen auf eine negative Weise triggern. Gerade zum Thema Schule merkst du es, wenn plötzlich deine eigenen negativen Schulerlebnisse wiederauftauchen, die du eigentlich schon vergessen geglaubt hast. Nicht nur die Erlebnisse, sondern vor allem die negativen Gefühle dazu. Wenn Situationen kommen, in denen du absolute Hilflosigkeit spürst und dich wie ein kleines Kind fühlst und eventuell auch so handelst.

Fallbeispiel:

Ich war in Englisch nie eine Leuchte, ich hasste es sogar. Die Grammatik war mir ein Gräuel, da ich sie einfach nicht kapierte und so fühlte ich mich immer wie eine Versagerin. Als nun mein Ältester den Englischunterricht genießen durfte, er mit Hausübungen nach Hause kam und wir für die Schularbeiten lernen sollten, glaubte ich mich in meine eigene Schulzeit zurückversetzt. Nur mit dem feinen Unterschied, dass jetzt ich eigentlich meinem Kind in Englisch helfen sollte und absolut nicht wusste wie. In mir stieg Panik und Hilflosigkeit auf und meine Reaktionen waren alles andere als fein. Am liebsten wäre ich jedes Mal davongelaufen. Eben wie ein Kind.

Wenn ich damals schon all dies gewusst hätte, was ich heute weiß, dann hätte ich mir und meinem Kind vieles erspart.

5. Glaubenssätze im Unterbewusstsein aufspüren und positiv umwandeln

Was ist eigentlich ein Glaubenssatz?

Dies ist eine Überzeugung, eine Denkweise oder ein Muster in dir, entweder von dir selber oder übernommen, welche in deinem Unterbewusstsein und in deinem Energiekörper gespeichert oder abgelegt ist. Und die dich in deinem Tun sehr beeinflussen kann. Positiv wie negativ. Glaubenssätze hindern uns oft daran, etwas zu verändern. Wenn wir alles Mögliche versuchen, um unsere derzeitige Situation endlich zu verändern und uns dies einfach nicht gelingt, dann steckt da meistens ein Glaubenssatz dahinter, der dies verhindert. Dies können Sätze sein wie zum Beispiel – „Ich kann das nicht!", „Ich schaffe das nicht!", „Ich bin zu dumm dafür!", „Ich habe versagt!", „Ich bin eine schlechte Mutter/Vater!", „Ich bin zu schwach!", „Ich war nicht gut genug in der Schule, daher kann mein Kind auch nicht gut sein!"... . Wie ihr seht, können dies ganz einfache Sätze sein, welche eine immense Auswirkung auf uns haben. Natürlich ist dies nur ein kleiner Auszug von möglichen Glaubenssätzen. Schau doch mal bei dir hin, welche negativen Sätze in dir so schlummern. Kommst du auf welche drauf, dann bist du schon ganz gut reflektiert. Meist sind sie so versteckt, dass man sie selber nur schwer erkennt.

Du erkennst einen Glaubenssatz, indem du dich eine Zeitlang beobachtest, was du so von dir gibst. Ist da ein Satz dabei, der sich immer wieder wiederholt und dich oder andere dabei runtermacht, der sich eigentlich gar nicht gut anfühlt, dann kannst du davon ausgehen, dass du einen entdeckt hast. Genauso kannst du dich in Ruhe hinsetzten, dir Zeit nehmen und dir Gedanken über dich und deine verschiedensten Themen machen. Schreibe alles auf, was dir einfällt, ohne Zwang, ohne Emotionen und ohne Bewertung, lass es kommen und schreibe einfach drauf los. Somit holst du genau diese Sätze aus deinem Unterbewusstsein, die wir jetzt brauchen. Je länger du dir dafür Zeit gibst und schreibst, desto tiefer gräbst du in deinem Unterbewusstsein. Mit Themen meine ich – Geld, Schule, Erziehung, Kinder, Karriere, Beziehung, ... Danach mach eine Pause und tu dir Gutes.

Nun setzt dich wieder zu deinen negativen Sätzen und formuliere jeden einzelnen in einen positiven Satz um. Wenn du Lust hast, kannst du diesen richtig ausschmücken. Hier ein Beispiel: Von „Ich bin nichts wert!" in „Ich habe so viele tolle Talente und Potentiale und weiß, dass ich diese ab jetzt auch umsetzen werde!!" Oder: Von „Ich war immer schon ein schlechter Schüler und werde es bleiben." In „Ab nun weiß ich, dass ich das Potential habe, um mit Leichtigkeit lernen zu können und somit gute Noten bekomme!!"

Glaubenssätze können uns total beeinflussen. Es geht soweit, dass sie uns daran hindern, uns zu verändern. Sie können so mächtig sein, dass sie unser

Handeln und Tun beeinflussen und wir es gar nicht merken. Erst wenn wir dies erkennen, auf die Suche nach dem Satz gehen und diesen dann von negativ auf positiv umwandeln, und zwar so, dass wir auch wirklich davon überzeugt sind, ist eine Veränderung möglich.

Glaubenssätze können entstehen durch unsere Lebensgeschichte, unsere Erlebnisse. Wenn wir immer wieder ähnliche negative Erlebnisse hatten, dann liegt es sehr nahe, dass sich daraus Überzeugungen, Denkweisen und Muster bilden, welche nicht wirklich positiv sind und uns somit nicht guttun. Genauso hat jeder von uns Glaubensätze von seinen Eltern, Großeltern oder Ahnen übernommen. Diese sind dann meist ein Thema der ganzen Familie. Auch Freunde oder Partner können uns diesbezüglich sehr beeinflussen. Daher ist es wichtig und sinnvoll auch da hinzusehen, ob es wirklich eigene oder übernommene Glaubenssätze sind, die dich da quälen.

Wenn du die Übung von oben gemacht hast, kannst du deinen neuen, positiven Glaubenssatz auf einen kleinen Zettel schreiben, ein Glas Wasser darüber stellen und dieses, verteilt über den ganzen Tag, trinken. Wasser hat die Fähigkeit Informationen aufzunehmen und zu speichern. Genau dies machen wir uns hiermit zu Nutze, sodass auch dein Körper sich auf den positiven Satz einstellen kann. Genauso empfehle ich meinen Klienten sehr gerne, sich aus ihrem neuen Satz ein Bild zu machen. Das heißt, den Satz so groß, wie du willst, in Ruhe aufschreiben und danach den Zettel, auf dem der Satz steht, kreativ gestalten. Anschließend das tolle Bild zu Hause an einem Ort aufhängen, an dem du oft vorbeikommst, damit du ihn so oft wie möglich sehen kannst. Besonders wirksam ist er auch, wenn du ihn dir neben dein Bett legst und ihn kurz vor dem Einschlafen und gleich nach dem Aufwachen ansiehst. Zu diesen beiden Zeitpunkten haben wir die beste Möglichkeit in unser Unterbewusstsein vorzudringen, bzw. es zu beeinflussen.

Damit holen wir uns unsere Augen, bzw. den Sehsinn ins Boot, welche somit auf unser Unterbewusstsein positiv Einfluss nehmen.

Fallbeispiel:

Maxi, einer meiner kleinen Klienten, kam zu mir, da er kaum Selbstvertrauen hatte und es in der Schule viele Reibereien gab. Er konnte sich nicht wehren und empfand vieles als sehr unfair. Er war/ist ein sehr sensibles Kind. In einer unserer Sitzungen entdeckte ich den Glaubenssatz „Ich bin nichts wert". Dahinter stand die Angst verstoßen zu werden. Nachdem ich die Angst gelöst hatte, gestalteten wir gemeinsam seinen neuen positiven Glaubenssatz, der lautete: „Ab nun weiß ich, dass ich absolut wertvoll bin und mein volles Potential erreichen kann. In der darauffolgenden Sitzung erzählte er mir voller Stolz, dass es in der Schule viel besser geht und es kaum noch Probleme gibt.

Herz was willst du mehr!

6. Stellenwert der Schule hinterfragen

In sehr vielen Familien hat die Schule einen, meiner Meinung nach, viel zu hohen Stellenwert. Bitte verstehe mich jetzt nicht falsch, natürlich ist die Schule bzw. Ausbildung sehr wichtig. Doch ich erlebe es immer wieder, dass in den Familien die Schule so ernst genommen wird, dass es kaum mehr ein anderes Thema gibt, alle darunter leiden und kaum Luft bekommen. Daher meine Frage an dich: „Was für einen Stellenwert hat die Schule für dich und die Deinigen?

Nimm dir Zeit und überlege einmal genau, wie viel Zeit bei euch für die Schule investiert wird. Gibt es auch noch andere Aktivitäten wie Hausübung machen und lernen, oder nimmt das eure ganze Freizeit in Anspruch? Wenn dies so ist – warum ist es so, was steckt dahinter? Ist es weil sich dein Kind schwer tut, oder weil immer so viel Hausübung auf und einfach viel zu tun ist? Gibt es Druck, seitens deines Kindes (Ehrgeiz), von dir, von den Großeltern, vom Partner oder sonst von Jemandem? Macht dieser Sinn, oder muss er sein? Druck erzeugt Gegendruck, dies weißt du sicherlich selber. Gibt es eine Möglichkeit diesen loszulassen, dies zu ändern? Wenn du selber nicht weißt wie, frage doch einmal deine Familienmitglieder. Gemeinsam solche Dinge zu besprechen, macht insofern Sinn, da bei dieser Gelegenheit jeder seine Sichtweise präsentieren kann und gemeinsam neue Lösungen leichter gefunden werden. Außerdem, warum soll sich nur einer den Kopf zerbrechen, wenn es doch gemeinsam viel leichter und sinnvoller ist sich darüber Gedanken zu machen.

Bei dieser Gelegenheit könnt ihr auch besprechen, wem welche Prioritäten sonst noch wichtig sind. Ist es, gemeinsam mit der Familie etwas unternehmen, Freizeit für jeden Einzeln, aktiv in verschiedenen Vereinen tätig zu sein, seinen Hobbys nachzugehen, …. Da gibt es ganz viele Möglichkeiten. Es wird auch jeder seine eigenen Prioritäten haben, welche absolut gesehen und akzeptiert werden müssen.

Was möchtest du deinem Kind auf seinem Weg mitgeben? Ist es das, was du von deinen Eltern mitbekommen hast, so wie zum Beispiel „Nur die Fleißigen werden erfolgreich. „Wenn du im Leben etwas erreichen willst, musst du was tun dafür!" , „Wenn du Straßenkehrer werden willst, dann mach weiter so!" Dies sind sehr negative Beispiele, die du eventuell als übernommene Glaubenssätze gespeichert hast. (näheres dazu im Absatz Glaubenssätze). Ganz anders kann es werden, wenn du deinem Kind positive Lebensweisheiten mitgeben möchtest. Die kann es viel besser annehmen und umsetzen. Überlege, wie es für dich wäre, wenn du in der Rolle deines Kindes wärst. Was würdest du lieber hören? Vor allem denk auch daran, dass der Energiekörper und das Unterbewusstsein alles speichert, was du sagst, hörst und erlebst. Daher ist es besonders wichtig sehr achtsam mit sich selber und vor allem mit seinem Umfeld umzugehen. Was ist dir besonders wichtig im Leben. Sind es gute Noten deines Kindes, sprich, dass es gut durch die Schule kommt mit allem, was es dafür braucht, oder möchtest du ein Kind, das glücklich und zufrieden aufwächst und die Schulnoten nicht ganz so wichtig sind. Dementsprechend wird dein Handeln sein.

Hast du Angst vor dem Gerede der Nachbarschaft, ist es dir peinlich, wenn das ganze Dorf bzw. Umfeld weiß, wie schlecht dein Kind in der Schule ist? Ja? Dann wird es Zeit, dass du bei dir anfängst zu hinterfragen, warum dies so ist. Was schlummert da im Unterbewusstsein und von wem ist es? Dein eigenes, oder etwas Übernommenes aus deiner Familie?

Fallbeispiel:

Ich stamme aus einer Lehrerfamilie und so wuchs ich mit der Meinung auf, dass mich nur eine gute Schulbildung im Leben weiterbringt. Der Stellenwert Schule hatte absoluten Vorrang. Ich höre noch heute meine Mutter sagen:" Vor allem brauchen Männer mindestens die Matura, damit sie einmal eine Familie ernähren können." (Heute stehen mir alle Haare zu Berge, wenn ich nur daran denke. Ein absoluter Blödsinn, meiner Meinung nach) So übernahm ich das eins zu eins bei meinem ersten Kind. Daraus resultierte Druck, Streit, Angst, der Familiensegen hing ziemlich schief, dicke Luft und was du dir noch so vorstellen kannst. Bis zum Schulabbruch und dem Statement:" Mama, Matura war nie mein Ziel". „Bumm" - das hat gesessen.

Ich durfte dadurch erkennen, dass ich noch viel von meinen Vorfahren mit mir herumtrug. Nachdem ich genauer hinsah und verändern durfte, sehe ich dies heute alles entspannt und locker und kann somit bei meinem zweiten Kind die Schule mit einer gewissen Leichtigkeit betrachten.

7.Wie habt ihr die Geburt erlebt?

Hat die Geburt mit dem Lernerfolg meines Kindes zu tun?

Oh ja, die kann sehr viel damit zu tun haben.

Erinnere dich zurück wie es euch beiden (Mutter+Kind) dabei ergangen ist. War es eine Bilderbuchgeburt, eine Sturzgeburt – war viel zu schnell, dauerte sie viel zu lange, oder gab es Komplikationen, war ein Kaiserschnitt nötig? Wurde sie eingeleitet oder war es eine Spontangeburt? Kam dein Kind natürlich durch den Geburtskanal – von alleine, blieb es stecken, sodass eine Saugglocke benötigt wurde. Wurde der Kristellergriff angewendet? Das heißt, half jemand von außen mit, indem er mit ganzer Kraft deinen Bauch nach unten schob und somit sehr viel Druck auf euch ausübte. Wurde eine Zange eingesetzt? Dies kommt, soweit ich weiß, zum Glück nicht mehr sehr oft vor. Kam die Plazenta von allein oder musste man sie mechanisch herausholen? War die Geburt ein Trauma, ein großer Schock für dich und dein Kind?

All dies sind wichtige Fragen bzw. Indikatoren, Hinweise in Bezug auf das Lernverhalten deines Kindes. Mit Cranio Sacral schaut man genau da hin. Erwachsene haben 22 Kopfknochen, Babys noch mehr und vor allem sind sie relativ weich. Dies ist sehr wichtig, damit sie sich während der Geburt mitbewegen können. Muss man bei der Geburt von außen mittels Saugglocke mithelfen, wird diese auf dem Kopf angesetzt, sodass sich dieser automatisch verformt. Diese Kinder haben gleich danach oft eine sehr eiförmige Kopfform, die durch das Vakuum entstand und zur Folge eine Zerrung der Struktur des Schädels bewirkt hat, die sich im Laufe der Zeit wieder zurückbilden sollte. Ganz wichtig ist es zu kontrollieren, ob alle Knochen sich richtig eingefügt haben und sich die Gehirnhäute entspannen konnten. Nach einem Kristellergriff kann es sein, dass das Becken, das Kreuzbein, die Wirbelsäule des Babys komprimiert und somit blockiert wird, was wiederum bedeutet, dass das Kind zum Zappelphilipp werden kann und das ruhige Sitzen schwierig wird. Das Becken muss daher einfach frei beweglich sein, damit wir in Ruhe lernen können. Es ist auch wesentlich für die Sicherheit. Ist das Becken blockiert, ist ein Kind nicht sicher und hat somit Schwierigkeiten beim Lernen. Bei einer Zangengeburt kann es sehr leicht sein, dass bei diesen Kindern Hör- Seh-und Lernprobleme auftreten können. Kaiserschnittkindern fehlt oft das Vertrauen und die Führung im Leben. Aus Sicht des Kindes bedeutet es einen Vertrauensbruch, so schnell und unerwartet aus der Geborgenheit und Sicherheit herausgeholt zu werden - und nicht auf natürliche

Weise durch den Geburtskanal. Vertrauen und Führung in sich selbst und von außen, sind ebenfalls
wichtig für gute Lernerfolge.

Spätestens, kurz bevor dein Kind in die Schule
kommt, rate ich dir, es von einem Cranio Sacral
Therapeuten oder einem Osteopathen anschauen zu
lassen. So könnt ihr gegebenenfalls im Vorhinein
schon einiges lösen, um einen optimalen Schulstart
zu ermöglichen. Meiner Meinung nach ist es eine ide-
ale Vorsorge für dein Kind im speziellen, aber auch
für euer Wohlbefinden und die Harmonie in der Familie.

Mittels Cranio Sacral wird dein Kind in Balance und
in sein Gleichgewicht gebracht, was wichtige Voraus-
setzungen zum Lernen sind.

Fallbeispiel:

Silvio ist ein sehr sensibles Kind, das erste Mal kam
er mit fünf Jahren zu mir, da er es nicht schaffte in
den Kindergarten zu gehen. Er hatte generell
Schwierigkeiten zu jemandem Vertrauen zu fassen
und spürte von Geburt an eine innere Unruhe. Die
Geburt wurde eingeleitet, da sie 10 Tage über dem
errechneten Termin war. Silvio wurde laut seiner
Mutter herausgedrückt bzw. gequetscht, somit kam
ein Kristellergriff zum Einsatz. Die Folge war, dass
Becken, Wirbelsäule und Schädel gestaucht waren.
Nachdem wir die Kindergartenproblematik gelöst
hatten, kam er immer wieder zu mir. Zuletzt wegen
Konzentrationsschwierigkeiten und Schulängsten.

Von der Mutter erfuhr ich noch zusätzlich, dass die PDA zu hoch dosiert war und sie dadurch kein Gespür und somit keine Verbindung mehr zu ihrem Baby hatte. Sie erlebte die Geburt und die Zeit danach im Krankenhaus als „Stress pur", sodass kein Bonding (= die Mutter/Kind Bindung nach der Geburt, die intime Zeit, in der Mutter und Kind sich auf Seelenebene kennenlernen und eine Einheit werden) zwischen Mutter und Kind bis heute entstand. Somit wurde mir klar, warum Silvio so ein großes Problem mit Vertrauen hatte. Bei der Arbeit mit Cranio stellte ich fest, dass die alle Gehirnhäute total angespannt, eine gewisse Verwirrung da war und die Bewegungen zu langsam waren. Es war also eine Korrektur der Gehirnhäute sowie der Gesichtsknochen notwendig. Zurzeit geht er wieder gerne in die Schule und kann sich viel besser konzentrieren. Das freut mich sehr für ihn. Es werden jedoch noch weitere Sitzungen für ihn und seine Mutter nötig sein, um sein Problem zu lösen.

Mobbing:

wie kann ich meinem Kind helfen

1. Zuhören und reden
2. Stärken
3. Die Schule informieren
4. Hilfe von außen
5. Ihm zeigen wie wertvoll es für einen ist – es lieben
6. Dem Kind zutrauen Konflikte selber zu lösen – dabei unterstützen
7. Kinder die Konsequenzen selber tragen lassen

Mobbing, was ist das?

Bei Mobbing ist oft eine Gruppe, oder ein Einzelner, gegen einen Einzelnen. Es kommt zu Herabsetzung, Ausschluss, Entwürdigung, Beschimpfung, Beleidigung und sogar zu körperlicher Belästigung. Mobbing verläuft über einen längeren Zeitraum. Es gibt immer Täter, Zuschauer und Opfer. Leider schreiten die Zuschauer, aus Angst selbst zum Opfer zu werden, meistens nicht ein. Die Mobbing-Tat wird vor Außenstehenden verheimlicht und hat somit keine, oder kaum eine Chance, bemerkt zu werden. Somit kann diese Quälerei über einen langen Zeitraum andauern. Es entstehen dabei seelische, körperliche und energetische Verletzungen. Es ist eine Form von Gewalt, die niemand aushalten, bzw. ertragen muss, schon gar nicht, sich zu schämen oder sich schuldig fühlen zu müssen.

Hast du das Gefühl, dass dein Kind sich verändert hat?

Zum Beispiel, es nicht mehr so fröhlich wie früher, redet kaum, ist total in sich gekehrt, hat keine Lust mehr etwas zu unternehmen, egal ob mit der Familie oder Freunden. Du hast das Gefühl es schotet sich total ab, kommt nach Hause und hält sich nur mehr in seinem Zimmer auf. Du erkennst dein Kind kaum wieder, es wurde vom fröhlichen Plappermaul zur stummen unglücklichen Maus. Wenn dies so, oder so ähnlich der Fall ist, dann ist Handlungsbedarf angesagt. Es kommt immer auf das Kind an, am besten kennst natürlich du es als Mutter oder Vater. Überlege wie du es am leichtesten aus seinem Loch herausholen kannst. Am besten so liebevoll wie möglich, jedoch nicht übertrieben. Die Kinder sind in dieser Situation, verständlicher Weise, sehr empfindlich. Wenn du jedoch das Gefühl hast, dass sich dein Kind bei einer anderen Person eher öffnen würde, dann horch auf dein Gefühl und binde diese Person ein. Manchmal ist es sehr hilfreich und gut, Personen von außen mit ins Boot zu holen.

Möchtest du selber das Gespräch zu deinem Kind suchen, sprich es an, erzähl ihm was dir aufgefallen ist, dass du dir Sorgen machst, dass du es wieder glücklich sehen möchtest. Stelle vorsichtig Fragen, die dir im Herzen brennen. Rede es jedoch dabei nicht nieder. Es gibt Kinder, die brauchen nur einen kleinen Hinweis, oder Schupfer, und die Schleusen öffnen sich. Bei anderen wieder besteht die Gefahr, dass sie sich noch mehr verschließen. Daher ist hier absolute Vorsicht geboten.

Manche Kinder fangen irgendwann von selber an zu erzählen. Wenn dieser Moment da ist, dann lass alles andere liegen und stehen, horch ihm aufmerksam zu. Nimm es ernst, gib ihm auch genau dieses Gefühl. So kann es sich noch mehr öffnen und du erfährst wahrscheinlich Dinge, die du eigentlich gar nicht hören willst. Achte dabei auf deine Emotionen und zeige ihm niemals dein Entsetzen, oder was sonst dabei so hochkommt. Bleibe ruhig und gib ihm Geborgenheit und Verständnis. Stelle ihm deine Fragen, führe mit ihm ein Gespräch auf Augenhöhe, so stärkst du es automatisch.

1. Stärken

Du kennst sicher die Talente deines Kindes sehr gut. Sag deinem Kind wie schön du diese findest und wie stolz du darauf bist. Vielleicht sogar wie sehr du es um seine Gaben und Fähigkeiten beneidest. Womöglich gibt es lustige Geschichten über dich und deine Versuche ein Talent auszuleben, das du gar nicht hast. Zum Beispiel als Sänger, der ausgebuht wurde, was damals alles andere als lustig war. Doch heute kannst du herzhaft über diese Erfahrung lachen. Oder über deine Erfolge bei einem Wettbewerb, bei dem du wirklich dein Talent herzeigen konntest und immer noch stolz darauf bist.

Zeig ihm, wie wertvoll es für dich ist und wie sehr du es liebst. Dies tut jedem von uns gut, doch in einer Situation, in der man selber an sich total zweifelt, glaubt „Ich bin sowieso nur ein Versager und nichts wert", da ist Liebe und Geborgenheit besonders wichtig.

Frag dein Kind was es schon lange einmal unternehmen, erleben wollte und überrasche es damit, oder organisiert es gemeinsam. Vorfreude ist bekanntlich die schönste Freude. So bringst du es auf andere Gedanken und aus seinem alltäglichen Umfeld heraus. Dadurch kann es wieder mehr aus sich herausgehen, Spaß haben, sich selber wieder besser spüren, sehen, dass das Leben doch auch schön sein kann und somit Kraft tanken.

Erkundige dich, ob es bei euch in der Umgebung Selbstverteidigungskurse, Karate, Taekwondo oder ähnliches angeboten wird. Solche Kurse stärken das Selbstbewusstsein und können somit für Kinder mit wenig Selbstwert ungemein wertvoll sein. Biete deinem Kind die Möglichkeit so einen Kurs zu besuchen an. Wenn es einwilligt schaut euch gemeinsam so eine Stunde an. Bei einer Anmeldung würde ich auf alle Fälle den Kursleiter auf euer Mobbingproblem aufmerksam machen bzw. ihn einweihen, damit dieser ein Auge darauf hat und gegebenenfalls sofort reagieren kann.

Es kann auch sehr wertvoll sein, wenn ihr Freunde deines Kindes erzählen lässt, wie sie die Situation in der Schule erleben oder empfinden und auch ihnen erklärst wie es deinem Kind geht. Oft nehmen Kinder, aus Angst selber zum Opfer gemacht zu werden, gar nicht wahr, wie es dem Gegenüber geht. Wenn sie es doch wahrnehmen, kann sein, dass sie aus ihrer eigenen Angst heraus handlungsunfähig werden und ihrem Freund somit nicht helfen können. Mach ihnen klar, dass sie gemeinsam viel stärker sind als jeder einzelne für sich, dass in so einer Situation wie beim Mobbing der Zusammenhalt, gegen den/die Täter, extrem wichtig ist.

2. Die Schule informieren

Sobald du von deinem Kind informiert wurdest, dass es in der Schule oder am Schulweg gemobbt wird, du dich ausführlich mit ihm darüber unterhalten und es gestärkt hast, ist es meiner Meinung nach ein „Muss", die Schule zu informieren. Oft wissen die Lehrer gar nichts davon, sind total ahnungslos und tief betroffen, wenn sie darüber erfahren. Der erste Ansprechpartner in der Schule ist für mich der/die Klassenlehrer/in. Diese kennen ihre Schüler am besten und sind auch diejenigen, die eventuell organisieren können, dass ihre Klasse zum Thema Mobbing von außen Vereine oder Institutionen, die sich darauf spezialisiert haben, Unterstützung bekommen. Falls es nötig ist, da der Klassenlehrer nichts unternimmt, ist der nächste Weg zum Direktor. In vielen Schulen gibt es auch Schulpsychologen, welche hier eingesetzt werden. Frag nach, ob in eurer Schule diese Möglichkeit angeboten wird und nutzt diese.

Die wenigsten wissen, wie sehr Mobbing im Unterbewusstsein und in unserem Energiekörper gespeichert wird. Es schlummert dort und ist jeder Zeit abrufbar, auch nach Jahrzehnten. Du brauchst nur in eine bestimmte Situation kommen und auf einmal reagierst du genauso wie damals, als du gemobbt wurdest. Fühlst dich total hilflos, ängstlich, verzweifelt und weißt nicht, wie du jetzt reagieren sollst.

3. Hilfe von außen

Daher ist es absolut wichtig, sich Hilfe zu holen oder zu suchen. Es ist keine Schwäche Hilfe anzunehmen, sondern eine Stärke, ein auf sich schauen und achten.

Überlege, wer euch helfen könnte, braucht nur euer Kind Unterstützung, oder doch die ganze Familie, da es euch alle so belastet. Ich habe die Erfahrung gemacht, dass es Sinn macht, wenn alle Beteiligten aus der Familie Hilfe annehmen. Aber nur dann, wenn ihr als Eltern sehr mitleidet, bzw. euch diese Erfahrung eures Kindes so mitnimmt, dass ihr schlaflose Nächte, oder ähnliches habt. Natürlich ist es eine Kostenfrage für viele Familien. Finde heraus, wen es in eurem Umfeld gibt und wer euch davon zusagt. Hilfe bekommt ihr bei Psychologen, Psychotherapeuten, Kinesiologen, Pädagogen, Sozialarbeitern, Beratungsstellen…. Schaut ins Internet, da findet ihr sicher etwas für euch.

Jede Unterstützung hat eine andere Herangehensweise. Aus kinesiologischer Sicht kann ich dazu raten, dass es extrem wichtig ist, auch auf seinen Energiekörper zu achten. Dieser speichert alle Emotionen, die wir erleben. Sind es ähnliche Dinge, die wir immer wieder erleben, so wie Mobbing, dann kann sich da eine riesige Blockade im Energiekörper entwickeln, welche womöglich, wenn wir darauf nicht achten, mit dem Körper in Resonanz geht und wir verschiedenste körperliche Symptome wie Bauchschmerzen, Übelkeit, Kopfweh, … entwickeln. Meine

Herangehensweise ist, dass ich im Energiekörper solche Emotionen – Blockaden ausfindig mache und löse. Dadurch findet eine enorme Erleichterung statt und meine Klienten gehen gestärkt nach Hause.

4. Dem Kind zutrauen Konflikte selbst zu lösen – dabei unterstützen

Kinder mit starkem Selbstbewusstsein werden eher seltener zu Mobbingopfern. Daher ist es wichtig, dein Kind von Anfang an so zu unterstützen, dass es seine Konflikte selber lösen lernt. Kinder, die dies nie gelernt haben, dass jemand anderer für sie ihre Konflikte löste, sind die idealen Mobbingopfer.

Wenn kleine Kinder streiten, ist es sinnvoll, zuerst Beobachter zu sein, bevor du einschreitest. Aber auch bei älteren Kindern heißt es hinschauen, anstatt wegschauen, und gegebenenfalls eingreifen. Dem Alter entsprechend kannst du gemeinsam mit deinem Kind Möglichkeiten und Strategien erarbeiten, wie es bei einem Konflikt reagieren kann. Das Umfeld Familie ist auch dazu da, um dies zu üben. Wer Geschwister hat, kann sich sicher an die vielen unzähligen Streitereien erinnern und weiß, wie wertvoll diese im Nachhinein waren. Lebe deinen Kindern vor, wie du deine Konflikte löst, sei es mit deinem Partner/in, mit Nachbarn, Freunden, Kollegen, … . Sei ein Vorbild für sie, damit sie, wenn sie es vorgelebt bekommen, erahnen wie es gehen könnte.

5. Kinder die Konsequenzen selbst tragen lassen

Lerne deinem Kind, egal wie alt es ist, dass es seine Konsequenzen selber zu tragen hat. Natürlich, je kleiner dein Kind ist, desto achtsamer sollst du dabei vorgehen. Sei dabei konsequent, dies ist nicht immer leicht. Es ist aber so wichtig, da es den Kindern Grenzen aufzeigt und somit Sicherheit gibt. Ohne Grenzen wird das Leben uferlos, sie haben nirgends Halt und reagieren bzw. handeln dementsprechend unangenehm. Sie müssen für ihr Handeln Verantwortung übernehmen, sonst lernen sie nie, wo Stopp ist, oder sich in einen anderen hinein zu fühlen.

Kinder, die dies nicht lernen, denen alles abgenommen wird, da es ihnen nicht zugetraut wird, bzw. geglaubt wird sie beschützen zu müssen, werden leicht zu Opfern. Dies ist ganz logisch. Wie soll sich ein Kind wehren, wenn es nicht weiß wie es geht. Es hat nie gelernt für sich einzustehen. Da kommt dann Hilflosigkeit, Stress, Angst und Panik auf und das kommt für Täter wie gerufen. Diese fühlen sich dann überlegen, stark und mächtig.

Diejenigen unter euch, die ihren Kindern gerne alles abnehmen, sollten einmal überlegen warum dies so ist. Da heißt es jetzt wieder einmal, bei sich selber hinzuschauen. Das kann unangenehm werden, ist aber extrem wichtig. Geh in dich und überlege warum du es nicht schaffst, deinem Kind zuzutrauen, seine Konsequenzen selber zu tragen. Was steckt dahinter? Bist du selber so aufgewachsen? War deine

Schulzeit alles andere als schön, wurdest du eventuell gemobbt? Bist du ein ängstlicher Typ, wenn ja, warum? Wurde es dir so eingetrichtert? Machst du dir selber Druck bei allem was dein Kind anbelangt? Was könnte es sein, da gibt es noch viele andere Möglichkeiten. Wenn du es alleine nicht schaffst, dann hol dir Hilfe von außen. Es ist eine Stärke sich helfen zu lassen! Da gibt es ganz sicher ein Thema, oder Muster, zu dem hingeschaut und das bearbeitet gehört.

Fallbeispiel:

Mein Sohn hatte das absolute Pech, als er ins Gymnasium kam, eine Klasse zu erwischen die sich zum absoluten Horror entwickeln sollte. Er ist Brillenträger, und oft kam er mit kaputter Brille nach Hause. Ich fragte ihn immer wieder, wie es das gibt, dass sie ständig so verbogen war. Er ist generell ein schweigsames Kind gewesen und erzählte mir nichts. Bis wir in den Semesterferien am Schlepplift die Piste hinauffuhren, da fing er an zu erzählen, wie schlimm es in der Klasse zugeht und was da alles angestellt wurde. Ich glaubte meinen Ohren nicht zu trauen, war regelrecht entsetzt, dass 10 – 11-Jährige so mit anderen umgingen. Vor allem dürften sie es, warum auch immer, auf ihn abgesehen haben. Ich ließ ihn erzählen und stellte Fragen, vor allem war ich froh, dass er endlich sein Herz ausschüttete. Gemeinsam beschlossen wir, dass ich seine Klassen-Vorständin besuchen und ihr davon erzählen werde. Diese fiel aus allen Wolken, war ebenfalls entsetzt und versprach etwas zu unternehmen. Damals gab es den „Verein Mannsbilder" in Innsbruck, von dem ich wusste, dass er genau in solchen Situationen in die Schule kam und mit den Kindern arbeitete. Diesen Tipp gab ich ihr, den sie dankbar aufgriff und den Verein in ihre Klasse einlud.

In der 2. Klasse gab es einen außerordentlichen Elternabend, wo es nur um dieses Thema ging. Dabei erfuhren wir, dass es mittlerweile so aussah, dass jeder gegen jeden in der Klasse war. Bevor ein Schüler zum Opfer wurde, wurde er lieber zum Täter. Dies ist auch ein Muster, welches angeblich normal bei Mobbingopfern ist, sie werden irgendwann selber zum Täter, obwohl sie erfahren hatten, wie schlimm das ist.

Einmal rief mich seine Lehrerin an und berichtete ganz aufgeregt, dass mein Sohn von der Schule abgehauen wäre. Mir blieb das Herz stehen. Ich erreichte ihn am Handy und er erzählte mir weinend, was vorgefallen sei, er es nicht mehr ausgehalten hätte und am Heimweg ist.

Seine Noten waren nie wirklich gut, mit dieser psychischen Belastung auch kein Wunder. In der 4. Klasse durfte er wiederholen und erst da kam er in eine Klasse, in der er sich total wohl fühlte. Wenn wir dies gewusst hätten, wäre es viel besser gewesen er hätte früher wiederholt.

Damals war ich jedoch leider noch sehr in meinen eigenen Mustern und Schulthemen gefangen, sodass ich vieles nicht erkannte oder nicht sah.

Schlechte Noten = Lernstress

Wie mein Kind aus dieser Abwärtsspirale herauskommen kann

1. Ruhig bleiben – nicht noch mehr Stress erzeugen

2. Ein sicheres, gemütliches, stabiles Zuhause bieten

3. Hilfe von außen anbieten

4. Dem Kind das Gefühl geben geliebt zu werden – auch mit schlechten Noten

5. Sicherheit geben – du bist völlig okay so wie du bist

6. Der Schule in der Familie nicht zu viel Raum geben

7. Lernen mit Niederlagen umzugehen – als Chance sehen

8. Wie ist das Umfeld meines Kindes? Freunde, Schulkollegen, Nachbarskinder

9. Mit Drohungen und Konsequenzen vorsichtig sein – mit positiven Dingen, Ausflüge, ... bestärken – Belohnungen

Kinder mit schlechten Noten haben meist ein schlechtes Selbstbewusstsein. Daher ist es total wichtig ihnen ein stabiles, gemütliches und sicheres Zuhause zu bieten, indem sie sich in Ruhe zurückziehen können. Wo sie die Sicherheit haben, dass sie völlig okay sind und geliebt werden, so wie sie sind, auch mit schlechten Noten. Wo sie sich nicht verstellen und verstecken müssen, um zu gefallen, sondern wissen, dass zu Hause ihre Talente und Stärken gesehen, gewürdigt und unterstützt werden.

Es bringt gar nichts, wenn du dein Kind bei schlechten Noten noch mehr unter Druck setzt, da der Stress dadurch größer wird. Es weiß selber ganz genau, wie es dran ist. Hilfreicher wäre, wenn du ruhig bleibst und versuchst ein achtsames und wertschätzendes Gespräch anzufangen. Damit das Thema Schule nicht zu viel Raum in der Familie bekommt, ist es von Vorteil es auszulagern. Sprich, biete deinem Kind bei schlechten Noten Hilfe von außen an. (wie in Kapitel ….. bereits beschrieben). Drohungen und Konsequenzen haben den Nachteil, dass sich dein Kind zurückzieht und eventuell komplett verschließt. Sie sind kontraproduktiv, denn dadurch nimmt die Abwärtsspirale ihren Lauf. Besser ist, wenn du deinem Kind ein sicheres, gemütliches und stabiles Zuhause bietest, mit ihm verschiedenste Dinge und Ausflüge unternimmst, ihr Spaß miteinander habt. So kann es auf andere Gedanken kommen und euer Verhältnis wird gestärkt. Vielleicht wird dein Kind durch Belohnungen motiviert, beachte aber, zu viel Belohnung soll es nicht sein. immer wieder kleine wirken besser.

Nicht außer Acht zu lassen sind die Freunde, Schulkollegen und Nachbarskinder. Schau dir einmal das
Umfeld deines Kindes an. Mit wem ist es gerne un-
terwegs, lässt es sich beeinflussen, verbringt es viel
Zeit. Diese Weggefährten darfst du nicht unterschät-
zen. Sind es Kinder die gut oder eher schlecht in der
Schule sind? Aus welchen Verhältnissen stammen
diese? Wie ist ihr Charakter? Sind welche dabei, mit
denen du nicht sehr glücklich bist, dann sprich es
vorsichtig an. Erkläre deinem Kind deine Bedenken
und Beweggründe, sei jedoch achtsam dabei. Oft ist
es so, dass sich die Kinder schützend vor ihren
Freund stellen und glauben diesen verteidigen und in
Schutz nehmen zu müssen. Du kennst dein Kind sicher sehr gut und weißt, welche Wortwahl ihm gut
tut.

Vertrauen – hast du das?

Sicherlich denkst du dir jetzt: „Was soll die Frage!?"
Da kann ich dich sehr gut verstehen. Denn auch ich
brauchte sehr lange, um zu kapieren, wie wichtig
Vertrauen, gerade im Umgang mit meinem Kind ist.
Es kann sich nur gut entwickeln und seinen eigenen
Weg gehen, wenn ich als Mutter beziehungsweise als
Elternteil im Vertrauen bin. Dazu bin ich aber nur in
der Lage, wenn ich mir selber voll und ganz vertraue,
wenn ich im Urvertrauen bin. Und dieses hängt wieder mit meinen eigenen Erfahrungen und Erlebnissen
aus meiner Kindheit zusammen.

Daher möchte ich dich bitten, dass du dir Zeit nimmst, in dich gehst und dir überlegst, wie weit du dir vertrauen kannst. Sei dabei ganz ehrlich, bei einer Skala von 1 – 10, wo würdest du dein Vertrauen dir selber gegenüber einordnen. Eins bedeutet, dass du dir nicht vertraust, zehn bedeutet, dass du dir selber voll und ganz vertraust. Es will dich hier niemand bewerten, viel mehr möchte ich dir die Möglichkeit geben, dir bewusst zu werden, wie es mit deinem Vertrauen, dir selber gegenüber, aussieht.

Denn nur wenn du dir vertraust, kannst du deinem Kind vertrauen und dieses wiederum lernt dadurch sein Selbstvertrauen kennen, welches gerade in Bezug auf die Schule extrem wichtig ist. Kinder, die ein starkes Selbstvertrauen haben, stecken Niederlagen, vor allem in der Schule, viel leichter weg. Denen geht es im Schulalltag viel besser, als wie Kinder deren Selbstwert sehr gering ist. Du kannst somit dein Kind diesbezüglich nur stärken, wenn du selber stark darin bist. Anders funktioniert es leider nicht.

Wenn du merkst, dass es dir an Selbstvertrauen mangelt, dann gilt es wie schon unter Punkt 3 erwähnt – Hilfe von außen sich zu holen.

„Es hat kein Kind auf der ganzen Welt verdient, dass man ihm nicht vertraut!!!"

Fallbeispiel:

Ich verstand oft die Welt nicht mehr. Warum war alles so schwierig, funktionierte nicht so, wie ich mir das vorstellte und wollte? Gerade zum Thema Schule – warum musste ich da noch einmal durch meine eigenen Schulprobleme der Vergangenheit mit meinem Kind durch? Warum glaubte ich ihm nicht, wenn er mir etwas erzählte, sondern war eher misstrauisch? Es war alles so unendlich mühsam, anstrengend und unharmonisch.

Bis ich an einem Wochenende mit meinem Mann eine Wanderung machte und wir auf das Thema Vertrauen kamen. Da viel es mir wie Schuppen von den Augen, dass ich niemanden vertrauen konnte, da ich mir selber am allerwenigsten vertraute. Oh, war diese Erkenntnis hart, das tat echt weh. Da flossen viele Tränen. Natürlich hatte dieses nicht vertrauen können einen tiefen Grund. Ich holte mir Hilfe und langsam wuchs mein Selbstvertrauen, sodass ich nun mein Leben viel leichter und fröhlicher meistern kann.

Lob kann nie genug sein

Hast du auch in deiner Kindheit Lob erfahren? Kannst du dich erinnern, wie das für dich war? Bist du daran gewachsen und hast dich gefreut, oder konntest du es nicht mehr hören, da es nicht echt war?

Mit Lob kannst du dein Kind stärken. Vorausgesetzt es ist ehrlich gemeint und nicht nur so dahingesagt. Dann kann dein Kind nicht genug davon bekommen. Kinder spüren sofort, ob das Lob gerechtfertigt ist. Ein falsches Lob geht in die falsche Richtung, an einem ehrlichen Lob kann dein Kind groß werden und wachsen. Es gibt Kinder, bei denen du dadurch den Ehrgeiz weckst und sie somit anspornst. Doch auch da ist Vorsicht geboten, zu viel Ehrgeiz tut deinem Kind ebenfalls nicht gut.

Daher achte darauf, wenn du ein Lob aussprechen möchtest, ob du es wirklich gut findest, was dein Kind gemacht hat oder nicht.

Konstruktive Kritik ist sehr wichtig. Auch sie muss ein Kind kennen lernen, um später einmal kritikfähig zu werden. Voraussetzung ist jedoch der achtsame Umgang. Die richtigen, liebevoll ausgesprochenen Worte, kann dein Kind besser annehmen. Lautes und unfaires Verhalten ist kontraproduktiv. Solltest du einmal wirklich in einer Emotion stecken, dann dreh dich um, geh, beruhige dich und nimm erst dann wieder das Gespräch mit deinem Kind auf. Das ist immer noch besser, als wenn deine Sicherungen mit dir durchgehen. Denn das bringt gar nichts. Dein Kind macht zu und ist innerlich sehr verletzt, was sich in seinem Energiekörper festsetzt und somit gespeichert wird.

Fazit - nur ehrliches Lob wirkt stark!

Danksagung

Ich danke allen die mich zu diesem Buch bestärkt haben. Ein besonderer Dank gilt meinen beiden Coaches Jan und Jyotima, die mich tatkräftig unterstützt haben.

Jan Schleifer, www.JanSchleifer.com, der mit der Idee kam, mir Mut dazu machte, bei der Einteilung half und immer für mich da war, sowie an

Jyotima Flak, www.jyotimaflak.com, die mir klar machte, dass Bücher schreiben einer meiner Lebensaufgaben ist und die das Cover gestaltete.

Danke auch für die Spontanität von Lisa Reinheimer und ihr wunderbares Vorwort.

Ein besonderer Dank auch an meine Familie, durch die ich viel lernen durfte und die immer für mich da war und da ist.

Meinen Eltern, die immer sehr bemüht waren, damit es ihren Kindern gut geht und die nur das Beste für uns wollten. Von ganzem Herzen danke für die schöne Kindheit, die sie uns somit ermöglichten.

Zeitfracht Medien GmbH
Ferdinand-Jühlke-Straße 7
99095 Erfurt, Deutschland
produktsicherheit@kolibri360.de